Johannes Huhmann

D1807798

Was ist Wissenschaft? Unterschiede zwischen wissenschaftlicher Erkenntnis und Alltagsverstand und zwischen verstehenden bzw. idiographischen und erklärenden bzw. nomothetischen Methoden

GRIN - Verlag für akademische Texte

Der GRIN Verlag mit Sitz in München hat sich seit der Gründung im Jahr 1998 auf die Veröffentlichung akademischer Texte spezialisiert.

Die Verlagswebseite www.grin.com ist für Studenten, Hochschullehrer und andere Akademiker die ideale Plattform, ihre Fachtexte, Studienarbeiten, Abschlussarbeiten oder Dissertationen einem breiten Publikum zu präsentieren.

Dokument Nr. V44809 aus dem GRIN Verlagsprogramm

Johannes Huhmann

Was ist Wissenschaft? Unterschiede zwischen wissenschaftlicher Erkenntnis und Alltagsverstand und zwischen verstehenden bzw. idiographischen und erklärenden bzw. nomothetischen Methoden

GRIN Verlag

Bibliografische Information der Deutschen Nationalbibliothek: Die Deutsche Bibliothek
verzeichnet diese Publikation in der Deutschen Nationalbibliografie; detaillierte bibliografische Daten sind im Internet über http://dnb.d-nb.de/ abrufbar.

1. Auflage 2003
Copyright © 2003 GRIN Verlag
http://www.grin.com/
Druck und Bindung: Books on Demand GmbH, Norderstedt Germany
ISBN 978-3-638-90237-3

Universität Hamburg
Institut für Politische Wissenschaft
Einführung in die Politische Wissenschaft

Sommersemester 2003

Was ist Wissenschaft bzw. durch welche Merkmale
unterscheidet sich wissenschaftliche Erkenntnis von der des
Alltagsverstandes? Was sind die Unterschiede zwischen
verstehenden bzw. idiographischen und erklärenden bzw.
nomothetischen Methoden?

Johannes Huhmann

Fächer:
Erziehungswissenschaft
Geschichte
Englisch
4. Fachsemester

Vorgelegt am 07.10.2003

Inhaltsverzeichnis

0 Einleitung

In dieser Hausarbeit möchte ich der Frage nachgehen, was Wissenschaft ist und durch welche Merkmale sich wissenschaftliche Erkenntnis von der des Alltagsverstandes unterscheidet. Auch möchte ich mich mit zwei, bzw. vier Arten von wissenschaftlichen Methoden und den Unterschieden zwischen ihnen beschäftigen. Auf der einen Seite der Betrachtung sollen verstehende, bzw. idiographische Methoden stehen, auf der anderen Seite die erklärenden bzw. nomothetischen Methoden. Diese beiden Begriffspaare einen jeweils viele Gemeinsamkeiten, aber es gibt auch Unterschiede zwischen ihnen, weshalb ich alle vier Methoden einzeln darstellen werde, um die Eigenarten jeweils besser herausarbeiten zu können.

Über die Gliederung dieser Arbeit ist zu sagen, dass ich im ersten Teil die Frage nach dem Inhalt des Wissenschaftsbegriffs und den Unterschied zu den Erkenntnissen des Alltagsverstandes klären will, während ich mich im zweiten Teil den unterschiedlichen methodischen Ansätzen widmen möchte.

Obwohl das behandelte Thema sehr allgemeiner Art sind, habe ich meist versucht, mich in meinen Ausführungen dann und wann auf die Politikwissenschaft zu beziehen, um konkret klar zu machen, welche Bedeutung die gewonnen Erkenntnisse auf dieses Fach haben.

1 Was ist Wissenschaft bzw. durch welche Merkmale unterscheidet sich wissenschaftliche Erkenntnis von der des Alltagsverstandes?

Die Politikwissenschaft teilt laut Wilhelm Bürklin und Christian Welzel mit anderen Gesellschaftswissenschaften das Ziel, Erkenntnisse über die gesellschaftliche Wirklichkeit zu gewinnen, die über das subjektive Alltagswissen hinausgehen. (Bürklin/Welzel 1996: 354)

Der Unterschied zwischen wissenschaftlicher Erkenntnis und Alltagswissen besteht laut Bürklin/Welzel darin, dass wissenschaftliche Erkenntnis auf objektivierbaren Informationen basieren, die durch Aufzeichnungen dokumentiert sind und dadurch allgemein überprüfbar sind, während dies beim Alltagswissen nicht der Fall ist. (Bürklin/Welzel 1996: 354)

Werner J. Patzelts Definition von Wissenschaft ist folgende: *„Wissenschaft ist jenes menschliche Handeln, das auf die Herstellung solcher Aussagen abzielt, die jenen Aussagen an empirischem und logischem Wahrheitsgehalt überlegen sind, welche schon mittels der Fähigkeit des gesunden Menschenverstandes (‚Common sense-Kompetenzen') formuliert werden können. "* (Patzelt 1993: 49)

Dieser Wissenschaftsbegriff kommt relativ bescheiden daher: Andere Wissenschaftsbegriffe verlangen Begründbarkeit, Beweisbarkeit und Wahrheit aller Aussagen. Wenn man jedoch bedenkt, dass früher vieles als wissenschaftliche Erkenntnis angesehen wurde, was später revidiert werden musste, wird klar, wie schwierig solche Forderungen einzulösen sind. Auch wenn sich später herausstellt, dass eine wissenschaftliche Aussage falsch ist, so heißt dies noch lange nicht, dass das Bemühen auf dem Weg dorthin unwissenschaftlich war. Patzelt fordert die oben zitierte Einhaltung seines Minimalkatalogs, verlangt aber sonst nichts, was im Grunde genommen unmöglich einzuhalten wäre. (Patzelt 1993: 49)

Patzelt führt seinen Wissenschaftsbegriff noch weiter – der erste Bestandteil dieses Wissenschaftsbegriffs besagt: *Wissenschaft ist das Handeln von Menschen nach bestimmten Regeln, mit dem Ziel, wissenschaftliche Aussagen hervorzubringen.* Bei der Festsetzung dieser Regeln ist immer zu beachten, dass Wissenschaft von interessegeleiteten, fehlbaren Menschen mit bestimmten Weltanschauungen und Wertvorstellungen betrieben wird. (Patzelt 1993: 49-50)

Ferner ist zu beachten, dass mit „Wissenschaft" nicht nur jene Tätigkeiten bezeichnet werden, die zur unmittelbaren Herstellung von wissenschaftlichen Aussagen, sondern auch jene, die zur Vorbereitung, Absicherung, Weitergabe oder Festhaltung jener Aussagen dienen. (Patzelt 1993: 50)

Der zweite Bestandteil von Patzelts Wissenschaftsbegriff ist die Behauptung, dass Wissenschaft *Aussagen* produziert. Er unterscheidet sechs Arten von Aussagen: Beschreibungen, Wenn/Dann-Aussagen, Erklärungen, Prognosen, Werturteile und Handlungsanweisungen. Diese Arten von Aussagen ließen sich prinzipiell auch in nichtwissenschaftlichen Kontexten treffen, bestimmte Eigenschaften wissenschaftlicher Aussagen grenzen sich jedoch von den Aussagen des Alltagsverstandes klar ab. (Patzelt 1993: 50)

Diese Eigenschaften sind im einzelnen: Wissenschaft strebt zum danach, *empirisch wahre Aussagen* zu produzieren. Dies bedeutet, dass wissenschaftliche Aussagen im Einklang mit der Beschaffenheit oder den Eigenschaften des Gegenstandes (= des empirischen Referenten) stehen, auf den sie sich beziehen. Als Beispiel nehmen wir die Aussage: Der Bundespräsident der Bundesrepublik Deutschland heißt Johanna Rau. Wenn der Bundespräsident der BRD wirklich Johanna Rau hieße, wäre die Aussage empirisch wahr. Wäre dies nicht der Fall, wäre sie empirisch falsch. Doch nicht alle Aussagen lassen sich so leicht beurteilen, daher spricht man, wenn sie nur bis zu einem gewissen Grad wahr sind, vom „empirischen Wahrheitsgehalt" solcher Aussagen, der verständlicherweise höher oder geringer sein kann. (Patzelt 1993: 50-51)

Man überprüft empirische Aussagen, indem man Informationen über ihren empirischen Referenten einholt. Angeleitet vom gesunden Menschenverstand (den „Alltagstheorien") oder von wissenschaftlichen Theorien sammelt man auf verschiedene Art und Weise Daten über den empirischen Referenten, die man im Prozess der Datenanalyse auswertet. Die hieraus gewonnen Erkenntnisse lassen dann eine Überprüfung der getroffenen empirischen Aussage auf ihren Wahrheitsgehalt zu bzw. liefern auch das Material für neue empirische Aussagen. (Patzelt 1993: 51-52)

Die zweite Eigenschaft von Wissenschaft laut Patzelt: Wissenschaft strebt danach, *logisch wahre Aussagen* zu treffen. Dies bedeutet, dass wissenschaftliche Aussagen in sich keine logischen Widersprüche enthalten dürfen – was sich bei einfachen Aussagen leicht, bei einem komplexen Aussagengefüge schwieriger nachprüfen lässt, da auch ausgeschlossen werden muss, dass auch „die bloß möglichen Schlussfolgerungen aus den Prämissen der Argumentationen nicht zu Widersprüchen führen." (Patzelt 1993: 52) Im Kontrast hierzu kann festgestellt werden, dass Aussagen des gesunden Menschenverstandes, z.B. über komplexe politische Phänomene, viel eher Gefahr laufen, sachlich und logisch unwahr zu sein, da die beiden bis hierhin ausgeführten Anforderungen im Alltagsdiskurs gewöhnlich nicht an sie herangetragen werden. (Patzelt 1993: 52)

Das Ziel von Wissenschaft, empirisch wie logisch wahre Aussagen zu produzieren, kann und wird häufig verfehlt werden, auch wenn Wissenschaftler sich alle Mühe geben, diesen beiden Grundsätzen zu folgen. Der Grund hierfür ist, dass Wissenschaft oft an der Grenze des verfügbaren Wissens operiert, um eben diese Grenze weiter ins bisher Unbekannte zu verschieben. Auf dem ungewohnten und neuen Terrain unterlaufen auf empirischer und logischer Ebene zwangsläufig Fehler. Wenn Aussagen von Wissenschaftlern mit der Gewissheit getroffen werden, alles in der Macht stehende getan zu haben, um zu versuchen, diese Fehler zu vermeiden, kann man ihnen jedoch nicht vorwerfen, unwissenschaftlich gearbeitet zu haben. Dies ist nur der Fall, wenn Aussagen wissentlich mit empirischen oder logischen Fehlern behaftet veröffentlicht werden und trotzdem als „wissenschaftlich" dargestellt werden. (Patzelt 1993: 53)

Das dritte Element von Patzelts Wissenschaftsbegriff ist für ihn für das Verständnis der vorigen beiden zentral: Nämlich dass Wissenschaft der Versuch ist, sich vom gesunden Menschenverstand zu lösen, und dorthin zu gelangen, wo man mit Alltagswissen und Alltagstheorien nicht weiter kommt. Nun ist es jedoch so, dass es für viele empirisch wie logisch wahre Aussagen keinerlei wissenschaftlicher Bemühungen braucht, um diese aufzustellen. (Patzelt 1993: 54-55) Doch gibt es drei Argumente, die Nahe legen, sich im Zuge wissenschaftlicher Arbeit in jedem Fall vom Alltagstheorien zu emanzipieren: Zum einen ist das Alltagsdenken *unreflektiert selektiv*. Dies bedeutet, dass durch individuelle Wahrnehmung viel herausgefiltert wird, was zum Treffen wissenschaftlicher Aussagen zwingend notwendig wäre. Der Mensch kann nicht alle relevanten Informationen wahrnehmen, nimmt auch nicht alle wahr, die er prinzipiell wahrnehmen könnte und vergisst obendrein noch das meiste dessen, was er wahrgenommen hat. Mit diesem stark selektiven Blick werden auf der Alltagsebene nun Aussagen getroffen, die wissenschaftlichen Grundsätzen nicht standhalten könnten – wie problematisch und unzulänglich dieser Selektivität aufgrund von individuellen Lebenssituationen sein kann, wird selten problematisiert. (Patzelt 1993: 55)

Zum anderen ist das Alltagsdenken *unreflektiert perspektivisch*. Nimmt man die politische Wirklichkeit, dann weiß man, dass es in ihr unzählige verschiedene Meinungen gibt – dass diese jeweils das Produkt einer bestimmten, selbstgewählten Betrachtungsperspektive sind, wird vom gesunden Menschenverstand für gewöhnlich ausgeblendet. (Patzelt 1993: 55-56)

Trotz Selektivität und Perspektivität erscheint dem Benutzer sein Alltagsdenken fast immer *selbstverständlich* – die Besonderheiten und Begrenzungen dieses Denkens werden nicht bemerkt, und wollen auch nicht hinterfragt werden: Informationen, die vom

Alltagsdenken abweichen, werden eher für unwahr gehalten, ehe die eigene Wahrnehmungswirklichkeit überprüft wird. (Patzelt 1993: 56)

2 Was sind die Unterschiede zwischen verstehenden bzw. idiographischen und erklärenden bzw. nomothetischen Methoden?

Nach Dirk Berg-Schlosser und Theo Stammen stellen Methoden „bestimmte planmäßige Verfahren unter Einhaltung festgelegter Regeln zur Überprüfung und Bestätigung von Theorien dar." Methoden stehen vom Abstraktionsgrad her unter den Theorien, welche Systeme vorläufig bestätigter, allgemein formulierter Hypothesen sind und welche zur Erklärung von Einzelsachverhalten herangezogen werden können; und über den Forschungstechniken, welche gezielte Arbeitsweisen innerhalb eines umfassenden methodischen Vorgehens darstellen. (Berg-Schlosser/Stammen 2003: 126-127)

Verstehende und erklärende Methoden sind zwei metatheoretische Ansätze der Politikwissenschaft. Metatheorien sind oft unausgesprochene Grundannahmen, die dem Forschungsprozess zugrunde liegen: Sie sind das Fundament, begründen Erkenntnisprämissen und Leitbilder verschiedener Arten von Wissenschaft. (Bürklin/Welzel 1996: 355)

Die Zweiteilung in verstehende und erklärende Methoden läuft quer durch die Politikwissenschaft und geht auf Wilhelm Dilthey zurück, der mit den Begriffen der „Verstehens" und „Erklärens" seinerzeit den Unterschied zwischen Geistes- und Naturwissenschaften auf den Punkt brachte. Politikwissenschaft ging aus Fächern beider Traditionslinien hervor: Der geisteswissenschaftlichen Philosophie, Geschichte und Staatsrechtslehre auf der einen sowie der naturwissenschaftlich orientierten Wirtschaftswissenschaft, der quantitativen Soziologie und der experimentellen Sozialpsychologie auf der anderen Seite. Beide lassen sich laut Bürklin und Welzel anhand von drei Merkmalen unterscheiden: Nach theoretischem Erkenntnisinteresse, Wahrheitsanspruch und wissenschaftlichem Wahrheitsverständnis. (Bürklin/Welzel 1996: 355-356)

Neben der Einteilung in „verstehende" und „erklärende" Methoden besteht innerhalb der Politikwissenschaft eine grobe Einteilung in drei Schulen, wobei die Abgrenzung räumlich gar nicht mehr gegeben ist und darüber hinaus auch nicht mehr so strikt verläuft wie einst. Diese drei Schulen sind: Die normativ-ontologische „Freiburger Schule" und die historisch-dialektische „Frankfurter Schule", welche laut Bürklin/Welzel beide eher zur Benutzung von verstehenden Methoden neigen, sowie die empirisch-analytische

„Mannheimer Schule", welche eher zu erklärenden Methoden neigt. (Bürklin/Welzel 1996: 356-357)

Die Frage, ob die verschiedenen Theorieansätze der drei Schulen jeweils spezifische Methoden verlangen, ist in der Politikwissenschaft umstritten. Laut Dirk Berg-Schlosser und Theo Stammen sind Methoden relativ abhängig von Theorien, da diese sie erst konstituieren, sie sind jedoch nicht determiniert von ihnen. Und sollten Methoden durch ihre Anwendung die Theorie falsifizieren, die sie hervorgebracht hat, können sie auch immer noch im Geltungsbereich anderer Theorien Verwendung finden. (Berg-Schlosser/Stammen 2003: 111)

Die modernen Methoden, wie sie beispielsweise in den verschiedenen politik-wissenschaftlichen Einführungen erläutert werden, bilden eine Art „babylonisches Sprachgewirr" mit je sehr unterschiedlichen Bezeichnungen und Abstraktionsebenen. Überhaupt fehlt für die moderne Wissenschaft eine allgemeingültige Klassifikation der von ihr verwendeten Methoden, was zur Zeit sowohl der jetzige Entwicklungsstand der Methodologie als auch der der verschiedenen Methoden selbst verbietet. (Berg-Schlosser/Stammen 2003: 112)

Schlosser/Stammen entscheiden sich für ein mittleres Abstraktionsniveau in der Gliederung der von ihnen vorgestellten Methoden und unterscheiden zwischen idiographischen und nomothetischen Methoden, wobei sie letztere Sparte noch aufteilen in axiomatische und empirisch-analytische Methoden. Idiographische Methoden sind eher den „klassischen" Theorie-Ansätzen (also dem normativ-ontologischen sowie dem historisch-dialektischen Ansatz), nomothetische Theorien eher dem empirisch-analytischen Theorieansatz zuzuordnen. (Berg-Schlosser/Stammen 2003: 112-113)

Die Unterscheidung in idiographische und nomothetische Methoden geht zurück auf den Philosophen Windelband (1848-1915), welcher am Ende des 19. Jahrhunderts mit diesen Labels die Geistes- und Kulturwissenschaften (idiographisch) auf der einen von den Naturwissenschaften (nomothetisch) auf der anderen Seite trennte. (Berg-Schlosser/Stammen 2003: 113) Während nomothetische Methoden abstrakte Gesetze über den Zusammenhang von Sachverhalten aufstellen wollen, arbeiten idiographische Methoden individualisierend und sind auf die Einmaligkeit von untersuchten Sachverhalten aus. Die ursprüngliche Zuordnung rein auf die Geistes- bzw. Naturwissenschaft hat ihre Gültigkeit verloren und in der Politikwissenschaft sind beide Methoden zuhause. (Berg-Schlosser/Stammen 2003: 114)

2.1 Verstehende Methoden

Theoretische Erkenntnisinteressen: Verstehende Methoden sind dazu da, gesellschaftliche Abläufe und Zustände zu deuten. Es herrscht ein interpretatives Erkenntnisinteresse vor: Anhand von gegebenen empirischen Informationen wird auf den inneren Sinngehalt von Untersuchungsgegenständen hin abstrahiert. Es bestehen Unterschiede zwischen der verstehenden Theoriebildung aus der Sicht der ontologischen Schule sowie aus der Sicht der dialektischen Schule: Bei der ontologischen Sicht geht es um die „überzeitlichen ethischen Grundlagen gesellschaftlichen Seins" aus dialektischer Sicht um die „materialistischen Entwicklungsprinzipien gesellschaftlichen Seins." (Bürklin/Welzel 1996: 357)

Werturteilsproblematik: Die verstehenden Theoriebildungen haben das praktische Erkenntnisinteresse, aus der Sinndeutung politischer Realität Werte und Handlungsanweisungen abzuleiten, die dem Gemeinwohl förderlich sein sollen. Anhänger verstehender Positionen lehnen die von Max Weber geforderte Trennung zwischen Werturteilen und Tatsachenaussagen bewusst ab. Zunächst versprechen sie sich so einen Schutz vor missbräuchlichen Vereinnahmungsversuchen der Wissenschaft. Dann argumentieren sie, dass das Sein und das Wollen in der Wirklichkeit auch nicht getrennt sind und sehen daher die Unmöglichkeit einer wertfreien Wissenschaft. Freilich unterscheidet sich die Art des anzustrebenden Gemeinwohls in den ontologischen und den dialektischen Denkschulen: Während die Anhänger der ontologischen Schule, Aristoteles folgend, eine freiheitlich-liberale Gesellschaft mit gebändigter Herrschaft gutheißen, fordert die dialektische Schule, sich auf Hegel und Marx berufend, eine herrschaftsfreie, unbegrenzt-kollektive Beteilung aller an der Macht. (Bürklin/Welzel 1996: 359-361)

Wissenschaftliches Wahrheitsverständnis: Gesellschaftliche Phänomene sind, anders als die Dinge der natürlichen Umwelt, Produkte menschlicher Willenshandlungen. Ohne das Wissen um diese Sinn- und Zwecksetzungen sind gesellschaftliche Phänomene nicht zu verstehen, sie bilden den „objektiven Wesenskern gesellschaftlicher Erfahrungsbereiche". (Bürklin/Welzel 1996: 361) Gesellschaftliche Phänomene (z.B. „der Staat") lassen sich daher nicht ausreichend durch äußere Merkmale (z.B. „Territorium") erfassen. Wenn man dies mit naturwissenschaftlichen Methoden täte, hätte man zwar die Oberfläche, jedoch noch nicht das innere Wesen des gesellschaftlichen Phänomens erfasst. Andere Methoden müssen demnach her: Die Hermeneutik ist die „Sinn-Erkenntnis durch einen nachempfind-verstehenden Zugang mit lebenspraktischem Bezug." (Bürklin/Welzel 1996: 362) Hermeneutik ist keine klar umrissene, standardisierte Arbeitstechnik, sondern eher eine rationalisierte, methodisierte

9

Form des natürlichen Vermögens des vernunftgeleiteten Verstehens von Alltagserfahrungen. Der hermeneutische Verstehensprozess zielt darauf ab, sich in die gesellschaftliche Wirklichkeit verstehend einzufühlen. Dazu versucht der Wissenschaftler zum einen, sich in die Rolle der betrachteten Akteure hineinzuversetzen, indem er Analogien zu ihm vertrauten Situationen bildet. Zum anderen versucht er, sein Kontextwissen über die untersuchte gesellschaftliche Situation zu vertiefen. Dies geschieht vor allem durch Texte, da Sinnbezüge immer über Sprache vermittelt werden. Ein Vorverständnis fließt bei der Interpretation der Texte immer mit ein. Der Deutungsvorgang bewegt sich so immer weiter auf höheres Niveau, da das Kontextwissen nun das Vorverständnis stärkt, wodurch sich der Wissenschaftler wiederum besser in die Rolle der Akteure hineinversetzen kann – unter den Leitkriterien Vernunft, Intuition und Diskurs entsteht ein sich nach oben schraubender Deutungskreislauf. (Bürklin/Welzel 1996: 361-363)

In der verstehenden Methode kommt jedes Phänomen vor der Analyse zu seinem Recht. Laut ihren Vertretern muss dies so sein, da gesellschaftliche Phänomene einen spezifischen, inneren Sinn haben, dem man sich durch Interpretation nähern muss. Da dieser Sinn also spezifisch ist, ist jede Problemlösung gleichsam spezifisch. Für Vertreter der verstehenden Positionen reichen die Kriterien der Messbarkeit und Beobachtbarkeit nicht aus, diese sind ihnen zu oberflächlich. Auch gehen sie davon aus, das Wissenschaft immer in einem sozialen, politischen Umfeld stattfindet, in dem sie als Akteure ebenfalls agieren. In der wissenschaftlichen Praxis macht sich dies durch einen Hang zu normativen Aussagen bemerkbar. (Bürklin/Welzel 1996: 366)

2.2 Idiographische Methoden

Für die Geistes- und Kulturwissenschaften, die sich mit „dem Menschen und seiner ihm eigentümlichen Doppelseitigkeit von Objekt- und Subjekthaftigkeit beschäftigen" (Berg-Schlosser/Stammen 2003: 114) ist es viel geeigneter, mit idiographischen Methoden zu arbeiten, da sich die Eigentümlichkeiten ihrer Untersuchungsgegenstände oft überhaupt nicht in abstrakt-logischer Form erschließen können. Mit sich bringt dies, dass die Arbeit mit idiographischen Methoden nicht über genau definierte Kriterien ablaufen kann. (Berg-Schlosser/Stammen 2003: 114-115) Trotzdem wird von ihren Befürwortern angenommen, dass mit Hilfe eines erfahrenen Scharfblicks und genügend intuitiven Denkens ebenso gute Forschritte in der wissenschaftlichen Erkenntnis erreicht werden wie bei empirisch-analytischen Untersuchungen. (Berg-Schlosser/Stammen 2003: 118)

Die Kritik an idiographischen Methoden besteht zum einen darin, dass sich idiographische Aussagen schwieriger nachprüfen ließen als nomothetische. Auch wird ihnen zur Last gelegt, dass sie seltener Entdeckungen empirischer Forschung oder komplizierter Verfahrensweisen, sondern oft schlichtweg Entdeckungen mit Hilfe reinen Nachdenkens seien. (Berg-Schlosser/Stammen 2003: 115)

Schlosser/Stammen machen drei verschiedene idiographische Methoden aus: Die Phänomenologie, die Hermeneutik und die Historische Methode. Allen drei ist der Grundsatz gemeinsam, dass man mit Hilfe von ihnen ihrem Selbstverständnis nach Phänomene jeglicher Art untersuchen kann. Eine andere Gemeinsamkeit ist der gewollte Bezug zur Lebenspraxis, der im Falle der Phänomenologie sogar die eigene Alltagserfahrung in die wissenschaftliche Arbeit mit einbezieht. (Berg-Schlosser/Stammen 2003: 115)

Zunächst klingt diese Art des Vorgehens der Phänomenologie gänzlich unwissenschaftlich, doch sie beruht auf dem phänomenologischen Postulat einer „dreifachen Ausschaltung" von allem Subjektiven, allem Theoretischem und aller wissenschaftlichen Tradition. In der Praxis wiederum sind diese Forderungen laut Schlosser/Stammen nicht zu erfüllen, sie eignen sich aber sehr gut, eine Art Idealzustand aufzuzeigen, in dem das eigene Bewusstsein als alleinige und letzte Instanz wissenschaftlicher Erkenntnis fungiert, welches nicht verzerrt oder eingefärbt ist durch eigene Vorannahmen und Vorurteile oder Vorannahmen und Vorurteile anderer Menschen. (Berg-Schlosser/Stammen 2003: 116)

Die Hermeneutik schließlich hat die Aufgabe, von ihr untersuchte Gegenstände, z.B. Begriffe aus der Sphäre der Politik, zu deuten – sie ist damit eine „Deutungs-, Auslegungs- und Verstehenslehre". Eine Untersuchung kann dabei synchron, also einen festen Zeitpunkt untersuchend; diachron, also den Wandel in einem zeitlichen Ablauf untersuchend; oder eine Kombination aus beiden Vorgehenseisen sein. (Berg-Schlosser/Stammen 2003: 118)

Man spricht von einer geschichtlich interpretierenden Hermeneutik, wenn Begriffe bzw. Symbole aus dem spezifischen geschichtlichen Kontext in dem sie stehen, interpretiert werden. Das Ziel ist hier immer, dass sich der Mensch in seiner eigenen Geschichtlichkeit versteht. Die hermeneutische Methode hat außerdem ein Doppelgesicht: Zum einen ist der Untersuchungsgegenstand Faktum, also Objekt, zum anderen ist er insofern subjektiviert, als dass ihn der Wissenschaftler in einen „intuitiv erschlossenen Sinnzusammenhang" einordnet. Dies erscheint als Widerspruch, da es die hermeneutische Methode an sich verbietet, Sinnzusammenhänge von außen an den eigentlich objektivierten Untersuchungsgegenstand heranzutragen. (Berg-Schlosser/Stammen 2003: 118-119)

Die Symbole, mit denen sich die Hermeneutik beschäftigt, können laut Berg-Schlosser/Stammen als von Menschen gemachte Artefakte betrachtet werden, die von diesen

mit Sinn belegt wurden, welcher vom Wissenschaftler eruiert werden will. Die Sinnseite eines Artefakts muss zunächst offen bleiben und im Laufe der Untersuchung interpretierend eingeschränkt werden. Es ergibt sich nun die Schwierigkeit, dass sich die noch leere Sinnseite nur im Gesamtkontext mit Sinn füllen lässt, während sich dieser Gesamtkontext wiederum nur aus der Interpretation der einzelnen Artefakte erschließt. (Berg-Schlosser/Stammen 2003: 119)

Man kann für die Hermeneutik von zwei Arbeitsweisen ausgehen: Eine, die sich mehr in einem systematischen Rahmen bewegt und einen zeitlich fixierten Punkt untersucht (synchroner Ansatz) und eine, die sich eher im historischen Rahmen bewegt und die Dinge in ihrer Entwicklung betrachtet (diachroner Ansatz). Beide Arbeitsweisen haben gemeinsam, dass man durch Aneignung von Informationen über sein Arbeitsfeld nach und nach die Fremdheit des Untersuchungsgegenstandes abbaut und ihn im Laufe der Zeit immer besser interpretieren kann – in welchem Maße dies glückt, hängt vom Erfahrungshorizont und der Intelligibelität des Wissenschaftlers ab. (Berg-Schlosser/Stammen 2003: 120)

Das hermeneutische Verfahren gliedert sich in drei Arbeitsschritte: 1. Zugang zum Gegenstand über Vorverständnis. 2. Sammeln aller über den Gegenstand Verfügbaren Informationen und Auffassungen. 3. Endgültige Problemauslegung und Interpretation. Die Hermeneutik schützt sich durch diesen Aufwand vor dem Vorwurf der „armchair philosophy", die nur aus der intuitiven Innerlichkeit des Forschers erwächst. Der Unterschied zu empirisch-analytischen Methoden ist, dass bei der Hermeneutik eine anderes Empirie-Verständnis zugrunde liegt: Es lassen sich Dinge eben nicht so genau verifizieren oder falsifizieren wie bei empirisch-analytischen Methoden, dafür hat die Hermeneutik ein Handhabe dafür, bestimmte Dinge überhaupt anzugehen, deren Sinngehalt aufgrund ihrer besonderen Subjekt-Objekt-Beziehungen den empirisch-analytischen Methoden verschlossen bleibt. (Berg-Schlosser/Stammen 2003: 121)

In der Politikwissenschaft wird die hermeneutische Methode vor allem im Bereich der politischen Philosophie und –Theorie angewendet. Auch wird mit ihr historisch gearbeitet, mehr aber nach Art eines „historischen Steinbruchs", der zur Klärung von Problemstellungen aus der Gegenwart diese auf die Vergangenheit projiziert, wobei die zeit- und kontextgebundene Perspektivität von Phänomenen herausgeschält werden kann. (Berg-Schlosser/Stammen 2003: 121)

2.3 Erklärende Methoden

Theoretische Erkenntnisinteressen: Wissenschaftliche Erklärungen sind darauf aus, anhand von beobachtbaren äußerlichen Merkmalen gesellschaftliche Phänomene zu Gesetzes- und Regelaussagen zu verallgemeinern. Diese Verallgemeinerungen geschehen in Form von Wenn-Dann- oder Je-Desto-Hypothesen. Das Erkenntnisinteresse derartiger Aussagen ist an konkreten praktisch-technischen Problemlösungen und Prognosen orientiert, um gewünschte Sollzustände zu erreichen. (Bürklin/Welzel 1996: 364)

Werturteilsproblematik: Erklärende Positionen fordern eine strikte Trennung zwischen Werturteilen und Tatsachenaussagen. Die Begründung hierfür ist, dass sich die beiden Arten von Aussagen auf zwei logisch verschiedenen Ebenen abspielen: Ein einem Werturteil zugrunde liegender Wertmaßstab ergebe sich nicht aus dem Untersuchungsgegenstand selbst und sei daher unwissenschaftlich, so die Vertreter erklärender Methoden. Natürlich könne Wissenschaft trotzdem Sollaussagen machen, man müsse dabei jedoch immer bedenken, dass die diesen Sollaussagen zugrunde liegenden Werte außerwissenschaftlichen Charakter haben. Es sei deshalb auch falsch, Werturteile als Ergebnis wissenschaftlicher Analyse zu begreifen. (Bürklin/Welzel 1996: 364)

Wissenschaftliches Wahrheitsverständnis: Vertreter der erklärenden Positionen gehen von einem heuristischen Wahrheitsverständnis aus. Alles, was wir über die Wirklichkeit wissen können, ist demnach geprägt durch unsere jeweilige subjektive Wahrnehmungsweise, die uns niemals erlauben kann, die Dinge so zu sehen, wie sie wirklich *sind.* Daher ist es auch unmöglich, die Dinge, „wie sie wirklich sind" als Wahrheitskriterium für wissenschaftliche Aussagen heranzuziehen. Wissenschaftliche Wahrheit kann deshalb niemals objektiv, sondern immer nur intersubjektiv ermittelt werden: Das heißt, dass Wissenschaftler unter gleichen Bedingungen zu den gleichen Ergebnissen kommen müssen. Dies setzt voraus, dass Forschungsmethoden nachvollzogen und Ergebnisse von anderen nachgeprüft werden können. Als zu ermittelnde wissenschaftliche Wahrheit kommen daher nur beobachtbare und messbare Merkmale von Realität in Frage, verborgene Sinnbezüge hingegen überhaupt nicht oder nur in sehr geringem Umfang. (Bürklin/Welzel 1996: 364-365)

Leitkriterien von erklärenden Methoden sind also logische Schlüssigkeit und empirische Überprüfbarkeit der von ihr gemachten Aussagen, eine Sinnsuche bleibt außen vor. Außerdem sind bei erklärende Positionen alle Fälle vor der Analyse gleich, da sie den Anspruch haben, dass zur intersubjektiven Nachprüfbarkeit mit den gleichen, unverrückbaren Methoden gearbeitet wird. Vertreter von erklärenden Positionen lehnen es ab, wissenschaftliche

Erkenntnis in den Dienst gesellschaftspolitischer Verwertungsmöglichkeiten zu stellen, und betonen dabei die Autonomie der Wissenschaft, was einen im Vergleich zu verstehenden Positionen verengteren Wissenschaftsbegriff darstellt. (Bürklin/Welzel 1996: 366-367)

2.4 Nomothetische Methoden

Die Politikwissenschaft begnügt sich nicht mit der Klärung der Eigentümlichkeit spezieller Fälle, sondern hat auch den Hang, in ihren Untersungen Gesetzmäßigkeiten festzustellen und so zu Generalisierungen zu kommen. Hierfür werden nomothetische Methoden verwendet. Diese durchgeführten Generalisierungen sollen nicht nur jetzige Phänomene beschreiben, sondern auch Aussagen über künftige Phänomene treffen können. Nomothetische Wissenschaften werden deshalb als Gesetze suchende- oder aufstellende Wissenschaften bezeichnet. Laut J. Piaget sind dies solche Disziplinen, die „nach ‚Gesetzen' in einem (bei aller gebotenen Vorsicht) analogen Sinn wie die Naturwissenschaften suchen und entdecken." (Berg-Schlosser/Stammen 2003: 121)

Das Herausarbeiten von Gesetzen ist kein Selbstzweck, sondern dient immer zur Erklärung der Wirklichkeit, bzw. Teilen davon. Zum Zwecke der Erklärung gibt es in der Politikwissenschaft verschiedene Arten von Gesetzen. Eine Art davon sind Gesetze, die eher in der Form von nicht allzu streng auf Gesetzmäßigkeit ausgelegten *Hypothesengefügen* bzw. *Theorien* daherkommen. Sie werden zur Erklärung bzw. Prognose von zu untersuchenden Phänomen herangezogen, können aber durch von ihr nicht abgedeckte Fälle falsifiziert werden. Verbreitet ist diese Art von Gesetzen in den empirisch orientierten modernen Sozialwissenschaften. Eine andere Art von Gesetzmäßigkeiten sind die *Axiome* – dies sind Grundsätze, auf deren Unumstößlichkeit sich ihre Benutzer, also die Wissenschaftsgemeinde, geeinigt haben und hohes Ansehen genießen. (Berg-Schlosser/Stammen 2003: 122)

In den nomothetischen Wissenschaften werden nun verschiedene Methoden verwandt, um solche Gesetze aufstellen oder anwenden zu können. Da wären zunächst einmal die *axiomatischen Methoden:* Diese gelten als die strengsten und präzisesten Methoden der Wissenschaft überhaupt. Solche Methoden funktionieren so, dass bestimmte Arten von Aussagen, nämlich die unumstößlich feststehenden Axiome, mit Hilfe von logischen Ableitungsregeln in neue Aussagen, nämlich in Theoreme, umgeformt werden. (Berg-Schlosser/Stammen 2003: 123)

Ein Beispiel für Axiome sind die Prinzipien des dialektischen Materialismus: Sie haben nicht den Charakter von falsifizierbaren Hypothesen, sondern können, wenn mit ihnen gearbeitet wird, nicht hinterfragt werden. (Berg-Schlosser/Stammen 2003: 124) Genau dies ist laut Berg-Schlosser/Stammen die Gefahr der axiomatischen Methoden: Es könnte eine „Restriktion der Erfahrungsmöglichkeiten" auftreten. Schließlich sagt logische Stringenz und Schlüssigkeit einer axiomatischen Methode noch lange nichts über deren Brauchbarkeit aus. (Berg-Schlosser/Stammen 2003: 126)

Für den *empirisch-analytischen Theorieansatz* kommen in der Hauptsache vier Methoden infrage:

1. Das Experiment: Das Experiment ist das Äquivalent zum Laborversuch in den Naturwissenschaften. Im Experiment werden zwei oder mehr Variablen untersucht: Während alle anderen Variablen konstant gehalten werden, wird eine Variable verändert, um zu ermitteln, wie sich diese Veränderung auf die anderen Variablen auswirkt. Bei politikwissenschaftlichen Fragestellungen sind die Variablen oft zwei oder mehrere Personengruppen, die von der Ausgangslage her gleich sein müssen – was oft gar nicht so einfach ist, da man nie erwarten kann, dass zwei Menschengruppen von ihrer Zusammensetzung her total äquivalent sind. (Berg-Schlosser/Stammen 2003: 127-128) Probleme, die aus Experimenten mit Menschengruppen erwachsen sind zum einen ethische Bedenken, die die Zumutbarkeitsgrenzen bei Experimenten stark herabsetzen. Hinzu kommt, dass längere Experimente in repräsentativ großen Gruppen praktisch undurchführbar sind und Laborbedingungen oft zu einem verfremdeten Verhalten bei Versuchspersonen führen. (Berg-Schlosser/Stammen 2003: 128)

2. Die statistische Methode: Die statistische Methode schraubt nicht selbst an den Variablen, sondern berechnet stattdessen statistische Korrelationen zwischen ihnen. Sie operiert anhand großer Gesamtheiten oder zumindest repräsentativer Stichproben und untersucht zumeist eine kleine Anzahl von Variablen. Probleme können beispielsweise auftreten, wenn die Ausprägung einer untersuchten Variable A auf die untersuchte Variable B zurückgeführt wird, in Wahrheit jedoch von einer nicht untersuchten Variable C abhängt: Eine Verzerrung der Ergebnisse liegt dann vor. (Berg-Schlosser/Stammen 2003: 128-129)

3. Die komparative Methode: Diese Methode erfreut sich großer Beliebtheit und wurde schon als „Königsweg" innerhalb der empirisch-analytischen Politikwissenschaft bezeichnet. Ihr Vorteil ist, dass sie gedanklich experimentiert und daher nicht den ethischen Einschränkungen des Experiments unterliegt. Gleichzeitig vermeidet sie die Gefahr der Oberflächlichkeit und banaler Erkenntnisse, welche die statistische Methode bisweilen vorbringt, da sie mehr auf Kausalzusammenhänge achtet. Gekennzeichnet ist die komparative

Methode durch eine relative hohe Anzahl von Variablen bei einer relativ niedrigen Anzahl von Fällen. Meist handelt es sich bei diesen Fällen um größere Einheiten wie z.B. Staaten oder politische Systeme. Und genau hier liegt das Problem dieser Methode: Aufgrund der geringen Anzahl der Fälle kann es schwierig sein, generalisierende Aussagen machen zu können. Hinzu kommt, dass die Fälle, z.B. verschiedene Staatswesen, einander oft zu unähnlich sind, um sie vergleichen zu können. Es gibt jedoch verschiedene Strategien, die hier Abhilfe schaffen können, beispielsweise die Erweiterung der Anzahl der Fälle auf der einen oder die Reduzierung auf bestimmte Schlüsselvariablen auf der anderen Seite. (Berg-Schlosser/Stammen 2003: 129-130).

4. Fallstudien: Fallstudien untersuchen nur einen einzigen Fall bei einer ähnlich hohen Anzahl von Variablen wie bei der komparativen Methode. Es werden, ebenfalls wie bei der komparativen Methode, keine Stimuli hinzugefügt, sondern nur gegebene Phänomene beobachtet – es sei denn, die Beobachtung selbst löst, beispielsweise bei kleinen Fallgruppen von Individuen, verändertes Verhalten aus, was sich für eine Untersuchung verständlicherweise kontraproduktiv auswirkt. Fallstudien lassen sich laut Berg-Schlosser/Stammen in sechs Untergruppen aufteilen, die da wären: Rein deskriptive Fallstudien, die nichts tun, als Beobachtungen aufzuzeichnen; interpretierende Fallstudien, die bereits bestehende Theorien anwenden; Hypothesen-schaffende Fallstudien; Theorien-bestätigende Fallstudien; Theorien-widerlegende Fallstudien; sowie sogenannte „abweichende Fälle", die eine Theorie nicht komplett, sondern nur partiell falsifizieren und so eine Verbesserung der Theorie unter genau dem abweichenden Aspekt bewirken können. (Berg-Schlosser/Stammen 2003: 131-132)

Das Problem von Fallstudien ist, dass sich ihre Erkenntnisse selten mit anderen Studien vergleichen lassen, da sie gerade dadurch, dass sie auf die Eigenheiten eines speziellen Falles eingehen, auf einer zu individuellen Herangehensweisen beruhen, als dass sie sich mit anderen (Fall-)Studien vergleichen ließen. Die Problematik der Erfassung von Besonderheiten auf der einen und der Berücksichtigung der Einordnung in einen Gesamtkontext sowie der Vergleichbarkeit auf der anderen Seite verweist auf einen größeren Zusammenhang: Nämlich dem Spannungsfeld zwischen idiographischen und nomothetischen Methoden an sich. Berg-Schlosser und Stammen fordern, beide Arten von Methoden zu nutzen und dabei das Verhältnis zwischen ihnen immer an die jeweilig zu bewältigende Aufgabe anzupassen. Das bedeutet beispielsweise, dass man die Untersuchung eines Einzelfalles immer so gestalten sollte, dass sie in einen Gesamtkontext eingebettet bleibt und mit anderen Fällen in nachprüfbarer, standardisierter Weise verglichen werden kann. (Berg-Schlosser/Stammen 2003: 132)

.

Literaturverzeichnis

Berg-Schlosser, Dirk/Stammen, Theo 2003: Einführung in die Politikwissenschaft, 7. durchgesehene und erweiterte Auflage, München.

Bürklin, Wilhelm/Welzel, Christian 1996: Theoretische und methodische Grundlagen der Politikwissenschaft, in: Mols, Manfred/Lauth, Hans-Joachim: Politikwissenschaft. Eine Einführung, 2. erweiterte Auflage, Paderborn, 353-392.

Patzelt, Werner J. 1993: Einführung in die Politikwissenschaft. Grundriß des Faches und studiumsbegleitende Orientierung, 2. ergänzte Auflage, Passau.

.

Lightning Source UK Ltd
Milton Keynes UK
UKRC02n0317231018
331008UK00001B/2

* 9 7 8 3 6 3 8 9 0 2 3 7 3 *